www.ingramcontent.com/pod-product-compliance
Lightning Source LLC
Chambersburg PA
CBHW080550220526
45466CB00010B/3102
* 9 7 8 1 6 9 1 8 9 5 4 4 1 *